CE LIVRE APPARTIENT À
OFFERT PAR

RETROUVEZ **Paddington** DANS

Un ours nommé Paddington

Paddington en ville

Paddington artiste

Paddington a des soucis

Les exploits de Paddington

Le premier Noël de Paddington

Paddington se déguise

MA PREMIÈRE BIBLIOTHÈQUE ROSE

Michael Bond

Paddington se déguise

Traduction de Sophie Dalle

Illustrations d'Anne Jolly

HACHETTE

L'édition originale de cet ouvrage a paru en langue anglaise
chez William Collins Sons and Co. Ltd., Londres, sous le titre :
MORE ABOUT PADDINGTON

Hachette Livre, 43, quai de Grenelle, 75015 Paris.

1

Paddington mène l'enquête

La nouvelle chambre de Paddington était enfin prête, et tout le monde, même lui, fut d'accord pour dire qu'il avait beaucoup de chance. Les peintures brillaient tellement qu'il pouvait presque y voir

son reflet, les murs étaient recouverts d'un papier aux couleurs gaies, et on lui avait même acheté de nouveaux meubles.

M. Brown lui avait offert un lit, pas trop haut, un matelas à ressorts et une armoire. Mme Brown avait décidé qu'il lui

fallait un beau tapis. Paddington en était très fier, et il avait étalé des feuilles de papier journal sur les endroits où il marchait le plus souvent pour éviter de le salir.

Mme Bird lui avait confectionné des rideaux que Paddington aimait énormément. D'ailleurs, la première nuit, il hésita longuement : devait-il les fermer pour pouvoir les admirer, ou les laisser ouverts pour pouvoir regarder dehors ? Il se leva plusieurs fois avant de trouver la meilleure des solutions : tirer un seul rideau.

C'est en allumant sa lampe de poche pour admirer son

rideau fermé qu'il remarqua soudain quelque chose d'étrange. Chaque fois qu'il dirigeait la lumière vers la fenêtre, un éclair lui répondait de l'extérieur. Il s'assit et se frotta les yeux.

Il essaya un signal plus compliqué. Deux éclairs courts suivis de plusieurs, plus longs. Il faillit tomber de surprise, lorsque son signal lui fut renvoyé de la même façon, à travers le carreau.

Paddington se leva d'un bond et courut à la fenêtre. Il y resta un long moment à scruter le jardin, mais il ne vit absolument rien. Pour finir, il tira les deux rideaux et alla se

recoucher. Il remonta ses couvertures un peu plus haut que d'habitude : tout cela était bien mystérieux, et Paddington préférait éviter les ennuis.

Ce fut M. Brown qui, le lendemain au petit déjeuner, lui donna une idée.

« On a volé ma plus belle citrouille ! annonça-t-il, furieux. Quelqu'un a dû venir pendant la nuit. »

Depuis quelques semaines, il soignait tout particulièrement une énorme citrouille qu'il avait l'intention de présenter à un concours. Il l'arro-

sait matin, midi et soir, et la mesurait avant de se coucher.

Mme Brown et Mme Bird se regardèrent, inquiètes.

« Ce n'est pas très grave, Henry. Tu en as d'autres tout aussi belles.

— Ça m'ennuie beaucoup, marmonna-t-il. Les autres ne seront jamais prêtes à temps pour le concours.

— C'est peut-être un des concurrents qui ne veut pas que tu gagnes, papa, suggéra Jonathan. Ta citrouille était vraiment très grosse.

— C'est tout à fait possible, dit M. Brown avec fierté. Je vais offrir une récompense à celui qui la retrouvera. »

Mme Bird se dépêcha de remplir les tasses de thé. Comme Mme Brown, elle semblait pressée de parler d'autre chose. Cependant, Paddington avait tendu l'oreille en entendant parler de récompense. Dès qu'il eut mangé son pain grillé et sa marmelade, il demanda la permission de quitter la table et disparut dans sa chambre.

Mme Brown était en train d'aider Mme Bird à faire la vaisselle, quand elle remarqua quelque chose de curieux dans le jardin. Elle faillit lâcher la pile d'assiettes qu'elle tenait entre les mains.

« Regardez ! s'écria-t-elle.

Derrière le carré de choux-fleurs. Qu'est-ce que cela peut être ? »

Mme Bird suivit la direction de son regard. Une silhouette brune, sans forme définie, rebondissait entre les plates-bandes.

« C'est Paddington. Avec son chapeau, on le reconnaîtrait n'importe où.

— Paddington ? Mais qu'est-ce qu'il fait à quatre pattes dans les choux ?

— On dirait qu'il a perdu quelque chose, dit Mme Bird. Il tient la loupe de M. Brown. »

Mme Brown poussa un profond soupir.

« Nous allons vite savoir ce qu'il fabrique ! »

Paddington s'assit près d'un framboisier et sortit un petit carnet. Il l'ouvrit à la page marquée : *indices.*

Depuis que M. Gruber lui avait prêté un roman policier, le petit ours avait décidé de

devenir détective. Les éclairs de lumière mystérieux de la veille et la disparition de la citrouille de M. Brown lui en donnaient enfin l'occasion.

Pour le moment, il était plutôt déçu. Il avait découvert des traces de pas, mais elles menaient toutes à la maison.

À la place de la citrouille, il n'avait retrouvé qu'un paquet de graines vide et deux scarabées morts.

Paddington nota pourtant ces détails. Il dessina une carte du jardin et marqua d'une croix l'endroit où avait poussé la citrouille. Puis il remonta dans sa chambre pour réfléchir. Il ajouta un autre dessin sur son plan : celui de la nouvelle maison en construction, au bout du potager. Les éclairs de lumière qu'il avait vus semblaient venir de là. Il l'observa un moment avec ses jumelles d'opéra, mais il n'y vit que les ouvriers.

Puis, il sortit de la maison et

prit le chemin du marché. Heureusement, personne ne l'aperçut, surtout lorsqu'il revint une heure plus tard avec un gros paquet dans les bras. Il avait l'air tout excité. Il alla dans sa chambre et ferma la porte à clé. Paddington ado-

rait les paquets, et plus particulièrement celui-ci.

Il lui fallut du temps pour dénouer les ficelles, mais il réussit enfin à déballer une longue boîte en carton sur laquelle était inscrit : *DÉGUISEMENT DE DÉTECTIVE PRIVÉ.*

Paddington l'avait repéré dans une vitrine quelques jours plus tôt, et il avait longuement hésité. Cet ensemble lui avait coûté sept livres (une somme importante, car il ne recevait qu'une livre par semaine d'argent de poche !), mais Paddington fut très content, lorsqu'il en vida le contenu par terre. Il y avait une longue barbe noire, un

sifflet de policier, un tampon d'encre pour relever les empreintes digitales, un petit flacon d'encre invisible et un mode d'emploi.

C'était parfait. Paddington essaya d'inscrire son nom sur le couvercle avec l'encre invisible, et comme il s'y attendait, il ne vit rien du tout. Puis il testa le tampon avec ses pattes et souffla dans son sifflet sous ses couvertures. Il aurait dû faire le contraire, car ses draps étaient devenus tout noirs.

C'était la barbe qui lui plaisait le plus. On la fixait aux oreilles grâce à deux fils de fer. Quand il se tourna, il sursauta en apercevant son reflet dans

la glace. Avec son chapeau et un vieil imperméable de Jonathan, il était méconnaissable. Après s'être examiné attentivement, il décida de descendre. Il avait du mal à avancer : le manteau de Jonathan était trop long et il marchait dessus. Et puis, sa barbe

glissait sur ses oreilles. Il devait donc la tenir d'une patte, tout en descendant l'escalier à reculons. Il était tellement occupé, qu'il n'entendit pas Mme Bird arriver derrière lui.

« Ah ! Paddington, te voilà. Justement je te cherchais. Pourrais-tu aller au marché m'acheter une demi-livre de beurre, s'il te plaît ?

— Je ne suis pas Paddington, répondit une voix grave derrière la barbe. Je suis le célèbre détective Sherlock Holmes !

— Oui, mon chéri. Mais n'oublie pas le beurre. Nous en avons besoin pour le déjeuner. »

Elle regagna la cuisine et ferma la porte derrière elle. Paddington ôta sa barbe. Il était très déçu.

« Quand je pense qu'à la place de ce costume, j'aurais pu acheter trente-cinq petits pains ! » murmura-t-il tristement.

Lorsqu'il fut dehors, Paddington hésita. Ce serait dommage de ne pas utiliser son déguisement. Si Mme Bird l'avait reconnu facilement, peut-être que ce serait différent avec M. Briggs, le chef de chantier de la nouvelle maison. Paddington décida de tenter une seconde fois l'expérience. Il pourrait, en même temps, relever quelques indices de plus.

Lorsqu'il arriva devant le chantier, il se sentait déjà beaucoup mieux. Du coin de l'œil, il avait remarqué que les gens se retournaient sur son passage. Certains s'étaient même dépêchés de traverser la rue.

Il s'avança le long du chantier. Des voix lui parvinrent par une fenêtre ouverte au premier étage, et Paddington reconnut clairement celle de M. Briggs. Il gravit l'échelle posée contre le rebord.

M. Briggs et ses ouvriers se préparaient du thé. Paddington fixa M. Briggs, qui versait l'eau bouillante dans la théière. Il rajusta sa barbe, puis souffla dans son sifflet de policier.

M. Briggs sursauta, et lâcha la théière, qui se fracassa en mille morceaux. Il pointa alors un doigt tremblant vers la fenêtre.

« Regardez ! Une apparition ! »

Les autres suivirent la direction de son regard, les yeux ronds. Paddington resta encore quelques secondes, puis descendit à toute allure et courut se cacher derrière une pile de

briques. Aussitôt, il entendit des exclamations.

« Je ne vois plus rien. Elle a disparu !

— Je ne sais pas ce que c'était, mais ça m'a fait aussi peur qu'une grosse citrouille ! » déclara M. Briggs en essuyant son front avec un mouchoir.

Paddington était stupéfait. Jamais il n'avait imaginé que M. Briggs et ses ouvriers puissent être mêlés à cette affaire ! Il n'était pas sourd : M. Briggs avait bien parlé d'une citrouille !

Après avoir enlevé sa barbe et ses lunettes de soleil, le petit ours s'assit pour écrire quelques notes dans son carnet. Ensuite, songeur, il prit lentement le chemin du marché.

Il retournerait sur le chantier plus tard, quand tout serait calme.

Il était minuit. Tout le monde était couché depuis longtemps.

« C'est drôle, dit Mme Brown à son mari, au douzième coup de minuit, j'ai l'impression que Paddington nous prépare un coup.

— Je ne vois pas ce que cela a de drôle, répondit-il. De quoi s'agit-il, cette fois ?

— Justement, c'est ce qui m'ennuie. Je ne sais pas. Ce matin, il se promenait avec une fausse barbe. Et il a passé toute la soirée à noter des choses dans son carnet. En plus... »

M. Brown bâilla.

« En plus... ?

— Quand j'ai jeté un coup d'œil sur ce fameux cahier, il n'y avait rien d'écrit !

— Va comprendre les ours »,
dit M. Brown.

Il allait éteindre la lampe de chevet, quand il s'arrêta en plein élan.

« C'est curieux, j'ai l'impression d'avoir entendu un coup de sifflet.

— Mais non, Henry ! Tu rêves ! »

M. Brown haussa les épaules et éteignit. Il était trop fatigué pour discuter.

Depuis qu'il était sorti sur la pointe des pieds de la maison des Brown, Paddington avait vécu bien des aventures. Il regrettait même d'avoir voulu imiter les détectives. Mais il fut rassuré quand, en réponse à son coup de sifflet, une voiture de police s'arrêta devant le chantier. Deux hommes en uniforme en descendirent.

« Bonsoir ! dit le premier. Que faites-vous ici ? »

Paddington lui montra la maison en construction.

« J'ai capturé un voleur !

— Un quoi ? » s'écria le deuxième.

C'était la première fois de sa carrière qu'il était appelé en pleine nuit par un ours.

« Un voleur, répéta Paddington. Je pense que c'est lui qui a pris la citrouille de M. Brown.

— La citrouille de M. Brown ?

— Parfaitement. Et maintenant, il a mes sandwichs à la marmelade. J'en avais apporté plusieurs, au cas où j'aurais faim en attendant.

— Bien sûr, dit le second policier. Des sandwichs à la marmelade... Et où se trouve le voleur ? Il est en train de dévorer votre pique-nique ?

— Je suppose que oui. Je l'ai poussé dans une pièce, et j'ai coincé une planche de bois sous la porte pour qu'il ne puisse pas sortir. Je m'étais

pris la barbe dans un sandwich, alors j'ai allumé ma lampe de poche, et c'est là que tout est arrivé !

— Que s'est-il passé exactement ? demandèrent les deux hommes, qui avaient du mal à comprendre ce que leur racontait Paddington.

— J'ai vu de la lumière dehors. Ensuite, j'ai entendu des pas dans l'escalier... Il est là ! »

Avant que les policiers ne puissent lui poser d'autres questions, une voix s'éleva.

« Sortez-moi de là !

— Mon Dieu ! s'écria le premier policier. Il y a bien quelqu'un à l'intérieur. Pouvez-vous nous décrire cette personne, demanda-t-il à Paddington ?

— Il mesurait plus de deux mètres. Et quand il s'est rendu compte qu'il était prisonnier, il s'est fâché très fort.

— Hmmm. Nous allons vérifier. Reculez. »

Il retira le bout de planche sous la porte et ouvrit. Ils attendirent tous trois avec inquiétude. À leur grande surprise apparut... un troisième policier !

« On m'a enfermé ! grommela-t-il. J'aperçois une lueur dans une maison vide, je viens jeter un coup d'œil et que se passe-t-il ? Me voilà enfermé ! Par un ours, en plus ! »

Paddington se sentit tout à coup très, très petit. Les trois policiers l'observaient d'un air sévère.

« Hmmm, dit le premier. Et vous, que faisiez-vous ici en pleine nuit, mon cher ami ? Avec ce déguisement ? Nous

allons vous emmener au commissariat pour vous interroger.

— C'est difficile à expliquer, répondit Paddington. Ça risque d'être long. Voyez-vous, tout a commencé à cause de la citrouille de M. Brown. Celle qu'il voulait présenter au concours. »

M. Brown répondait encore aux questions des policiers bien après que Paddington eut regagné le 32, Windsor Gardens.

« Je ne vois toujours pas le rapport entre ma citrouille et l'arrestation de Paddington, répéta-t-il pour la centième fois, quand il fut de retour chez lui.

— Il n'a pas été arrêté, Henry, dit Mme Brown. On a simplement voulu l'interroger. D'ailleurs, il cherchait à récupérer ta citrouille. Tu devrais l'en remercier. »

Elle poussa un soupir. Tôt ou tard, elle serait obligée de dire la vérité à son mari. Elle en avait déjà parlé à Paddington.

« En fait, c'est de ma faute. Tu comprends, je... j'ai j'ai été distraite, et j'ai cueilli ta citrouille.

— Toi ? Tu as cueilli ma plus belle citrouille ?

— Je ne savais pas que c'était la plus belle. Et tu aimes tant la soupe à la citrouille. Nous l'avons mangée hier soir au dîner. »

De retour dans sa chambre, Paddington se coucha. Il était assez fier de lui. Il aurait beaucoup de choses à raconter à son ami M. Gruber le lendemain matin. Après avoir entendu son récit, l'inspecteur l'avait félicité pour son courage et avait ordonné qu'il soit immédiatement relâché.

« C'est dommage qu'il n'y ait pas davantage d'ours

comme vous », avait-il conclu.

En souvenir, il avait offert à Paddington un vrai sifflet de policier. Même le policier qu'il avait enfermé lui avait fait des compliments.

Et puis, Paddington avait résolu le mystère des signaux

lumineux. Il n'y avait personne dans le jardin : ce n'était que le reflet de sa propre lampe de poche dans la vitre.

Évidemment, Paddington était un peu triste, pour la citrouille, car M. Brown ne gagnerait pas le premier prix. Mais il était soulagé que le coupable ne soit pas M. Briggs, car il l'aimait beaucoup.

2

Le bonhomme de neige

Avant de se coucher ce soir-là, Paddington ouvrit sa fenêtre de quelques centimètres. Mais la nuit était très froide, et il la referma aussitôt, avant de plonger sous ses couvertures.

Le lendemain matin, il se

réveilla plus tôt que d'habitude, tremblant de froid, et découvrit avec étonnement que ses moustaches étaient toutes raides. Il tendit l'oreille, et dès qu'il fut certain qu'on préparait le petit déjeuner en bas, il se leva, enfila son manteau, courut à la salle de bains.

Plusieurs surprises l'y attendaient. Son gant de toilette, qu'il avait laissé sur le porte-serviettes la veille, était dur comme du carton et fit un drôle de bruit quand il voulut le déplier. Ensuite, il ouvrit le robinet... et rien ne coula. Paddington conclut que c'était un signe : il ne devait pas se laver ce matin-là.

De retour dans sa chambre, il ouvrit les rideaux pour regarder par sa fenêtre. Les vitres étaient complètement givrées ! Paddington souffla sur le verre et l'essuya du revers de la patte. Il réussit à faire un trou suffisamment large pour voir au travers et

faillit tomber à la renverse. Le jardin était recouvert d'une épaisse couche de blanc, et des milliers de flocons tombaient du ciel !

Il descendit précipitamment annoncer la nouvelle aux autres. Les Brown étaient déjà autour de la table quand il bondit dans la salle à manger. Paddington agita les pattes et les supplia de regarder dehors.

« Que se passe-t-il ? s'exclama M. Brown, en levant les yeux de son journal.

— Là ! s'écria Paddington. C'est tout blanc ! »

Judy rit aux éclats.

« Ne t'inquiète pas, Paddington. Ce n'est que de la

neige. Nous en avons chaque année.

— De la neige ? répéta l'ourson. C'est quoi ?

— C'est empoisonnant ! » gronda M. Brown.

Il était de mauvaise humeur, ce matin-là. Il n'avait pas

imaginé qu'il allait geler pendant la nuit, et il avait oublié de monter le chauffage avant de se coucher.

« La neige, expliqua Judy, c'est très doux.

— C'est épatant pour faire des boules ! ajouta Jonathan. Je te montrerai comment t'y prendre après le petit déjeuner. Nous en profiterons pour dégager les allées. »

Paddington s'installa et déplia sa serviette, les yeux fixés sur la fenêtre.

« Paddington ! intervint Mme Brown d'un ton sévère. Tu as mis ton manteau pour te laver ce matin ?

— Il n'a dû faire qu'une toi-

lette de chat, dit Mme Bird en plaçant devant l'ourson un bol de chocolat fumant. Et si vous voulez mon avis, c'était un tout petit chaton. »

Cependant, Paddington était beaucoup trop occupé à penser à la neige pour les entendre.

« Si tu vas dehors, lui dit Mme Brown, ce serait gentil de dégager les allées de M. Curry avant les nôtres.

— Excellente idée ! s'exclama Jonathan. Nous allons t'aider. Ensuite, nous construirons un énorme bonhomme de neige. Qu'en dis-tu, Paddington ? »

Celui-ci était méfiant. Chaque fois qu'il rendait un service à M. Curry, les choses tournaient mal.

« Interdiction de vous lancer des boules de neige, prévint Mme Bird. M. Curry dort la fenêtre ouverte, même en plein milieu de l'hiver. Si vous le réveillez, il sera furieux. »

Paddington, Jonathan et Judy promirent d'être sages. Dès qu'ils eurent terminé leur petit déjeuner, ils s'habillèrent chaudement et coururent dehors.

Paddington était très impressionné. La neige était

plus profonde qu'il ne l'avait cru, mais moins froide, sauf quand on restait trop longtemps sans bouger. Ils s'équipèrent pour dégager les allées du voisin.

Jonathan et Judy s'attaquèrent à celle de devant. Muni de son seau et de sa pelle de plage, Paddington passa à l'arrière de la maison, où l'allée était un peu plus étroite.

Il remplit son seau de neige, puis la versa dans le jardin des Brown. C'était un travail difficile, car il s'enfonçait jusqu'à la moitié des pattes. De plus, à peine avait-il nettoyé un espace, que les flocons le recouvraient de nouveau.

Après avoir travaillé pendant des heures, Paddington décida de se reposer. Il venait de s'asseoir sur son seau, quand quelque chose le frappa dans la nuque, faisant basculer son chapeau.

« Je t'ai eu ! Je t'ai eu ! s'écria Jonathan. Allez, Paddington, fabrique-toi quelques boules de neige, et faisons une bataille. »

Paddington se leva d'un bond et alla se réfugier derrière la cabane de M. Curry. Puis, après avoir vérifié que Mme Bird n'était pas dans le coin, il ramassa une poignée de neige et la tassa en forme de boule. Il la maintint dans sa

patte droite, ferma les yeux, et lança.

« Raté ! cria Jonathan, tandis que Paddington rouvrait les yeux. Tu as intérêt à t'entraîner. »

Paddington se gratta la tête en examinant sa patte. Il savait

bien que sa boule était partie, mais où ? Il réfléchit un instant, puis il décida qu'il allait faire un nouvel essai. S'il s'approchait discrètement de Jonathan, il pourrait peut-être le prendre par surprise.

Il passait sur la pointe des pieds devant la porte de la cuisine de M. Curry, lorsqu'il vit qu'elle était grande ouverte. Le vent poussait les flocons à l'intérieur, et un petit tas blanc s'était déjà accumulé sur le paillasson. Paddington hésita, puis ferma la porte. Il entendit le cliquetis de la serrure, vérifia qu'elle était bien enclenchée. Il était sûr que M. Curry ne souhaitait pas être envahi par la neige, et il était content d'accomplir une bonne action supplémentaire.

Au grand étonnement du petit ours, quand il arriva devant la maison, M. Curry était déjà dehors. Il portait une robe de chambre par-dessus

son pyjama et paraissait de méchante humeur. Il interrompit sa conversation avec Jonathan et Judy pour regarder Paddington.

« Ah ! Te voilà, jeune ours ! C'est toi qui as lancé des boules de neige ?

— Des boules de neige ? répéta Paddington en cachant sa patte derrière son dos. Vous avez dit “des boules de neige”, monsieur Curry ?

— Parfaitement ! *Des boules de neige* ! La plus grosse a atterri en plein milieu de mon lit il y a quelques minutes. Maintenant, elle a fondu sur ma bouillotte ! Si jamais tu l’as fait exprès...

— Oh, non, monsieur Curry ! Jamais je n’aurais fait ça exprès. C’est trop difficile, avec des pattes, surtout une grosse boule comme celle-là.

— Comme laquelle ? grommela M. Curry.

— Comme celle qui a

atterri sur votre lit », répondit Paddington, embarrassé.

Il aurait souhaité que M. Curry se dépêche de rentrer chez lui. Sa boule lui glaçait la patte.

« Mmm... dit M. Curry. Je ne vais pas rester là à discuter des bêtises d'un jeune ours. J'étais descendu vous demander de partir. Toutefois, j'avoue que j'ai été agréablement surpris de découvrir mon allée dégagée. Si vous terminez, je vous donnerai dix pence. À partager entre vous, bien sûr !

— Dix pence ! s'écria Jonathan, une fois que M. Curry se fut éloigné. Une minable pièce de dix pence !

— Enfin ! soupira Judy. Nous aurons au moins accompli une bonne action dans notre journée. Ça devrait suffire pour calmer M. Curry un certain temps. »

Paddington ne semblait pas convaincu.

« Je ne sais pas, murmura-t-il en tendant l'oreille. Je crois qu'il est encore énervé. »

À cet instant précis, un rugissement leur parvint, suivi de plusieurs coups violents.

« Que se passe-t-il, encore ? demanda Judy. On dirait que M. Curry tape sur la porte de sa cuisine. »

Paddington était de plus en plus inquiet.

« Je pensais lui rendre service : j'ai fermé sa porte. Je suppose qu'il ne peut plus entrer.

— Pauvre Paddington, répondit Judy. Tu n'as vraiment pas de chance aujourd'hui.

— Qui a fermé ma porte ? hurla M. Curry en revenant vers eux. L'ours ! Où est l'ours ? »

M. Curry jeta un coup d'œil dans la rue, mais il n'y avait personne. S'il avait été un peu moins en colère, il aurait peut-

être remarqué trois traces de pas différentes, celles de Paddington, de Jonathan et de Judy, qui s'étaient enfuis à toute allure.

Un peu plus loin, les traces se séparaient. Celles de Jonathan et de Judy disparaissaient dans la maison des Brown.

Celles de Paddington allaient vers le marché.

Il avait assez vu M. Curry pour aujourd'hui. D'ailleurs, il était plus de dix heures trente, et il avait promis de retrouver M. Gruber à onze heures pour leur chocolat chaud habituel.

« J'ai l'impression que M. Curry perd la tête, dit Mme Brown, un peu plus tard dans la journée. Ce matin, il était dehors dans son jardin, en robe de chambre – par un froid pareil ! Ensuite, il s'est mis à courir dans tous les sens en levant le poing.

— Mmm, murmura Mme Bird. J'ai vu Paddington jouer

avec des boules de neige dans son jardin.

— Aïe ! Aïe ! Aïe ! » répondit Mme Brown.

Elle alla se placer devant la fenêtre. Le ciel s'était enfin éclairci, et le jardin, avec tous ses arbres courbés sous le poids de la neige, avait un air de carte postale.

« Je suis inquiète », ajouta-t-elle.

Mme Bird suivit la direction de son regard.

« Ils ont fabriqué un magnifique bonhomme de neige. Jamais je n'en ai vu d'aussi beau. Il est petit, mais il a belle allure.

— On dirait le chapeau de

Paddington, sur sa tête », fit remarquer Mme Brown.

Au même moment, Jonathan et Judy entrèrent.

« Nous étions en train d'admirer votre bonhomme de neige.

— Ce n'est pas un bonhomme de neige, répliqua Jonathan. C'est un "bonours" de neige. C'est une surprise pour papa. Il arrive, je l'ai aperçu au bout de la rue.

— Il va avoir droit à plus d'une surprise, déclara Mme Bird. M. Curry le guette derrière sa barrière.

— Oh, non ! gémit Jonathan.

— M. Curry est toujours là pour gâcher notre plaisir, renchérit Judy. J'espère qu'il ne va pas retenir papa trop longtemps.

— Pourquoi, ma chérie ? voulut savoir Mme Brown. Ça n'a guère d'importance.

— Bien sûr que si ! » s'écria Jonathan en se précipitant à la fenêtre.

Mme Brown n'insista pas. Elle savait que, tôt ou tard, elle aurait droit à des explications.

M. Brown eut beaucoup de mal à se débarrasser de M. Curry. Enfin, il put ranger sa voiture dans le garage. Lorsqu'il entra dans la cuisine, il paraissait exaspéré.

« Ce M. Curry ! Une fois de plus, il m'a raconté des mensonges au sujet de Paddington. Si j'avais été là ce matin, il aurait reçu plus d'une boule de neige dans son lit, croyez-moi... Au fait, où est Paddington ? »

D'ordinaire, le petit ours aidait M. Brown à garer sa voiture. Il était toujours là pour lui donner des indications en agitant ses pattes.

« Cela fait des heures que je ne l'ai pas vu, avoua Mme Brown, avant de se tourner vers les enfants. Où peut-il être ?

— Il ne t'a pas sauté dessus, papa ? demanda Jonathan.

— Me sauter dessus ! s'exclama M. Brown. Quelle idée ! Non, pourquoi ?

— Tu as bien remarqué un bonours de neige, non ? Près du garage.

— Un bonours de neige ? Mon Dieu ! Ne me dites pas que... Ce n'était pas Paddington, j'espère ?

— Si je comprends bien, intervint Mme Bird, il est resté là pendant tout ce temps, recouvert de neige ? C'est absurde !

— A vrai dire, ce n'était pas mon idée. Enfin, pas complètement, admit Jonathan.

— Il a dû prendre peur en reconnaissant la voix de M. Curry, dit Judy.

— Ramenez-le ici immédiatement, ordonna Mme Bird. Il va tomber malade, par ce froid. Je vais l'envoyer directement au lit sans dîner. »

Mme Bird n'était pas fâchée, elle était simplement inquiète. Lorsque Paddington

apparut, elle lui prit une patte dans les mains et tâta son museau.

« On dirait un iceberg ! »

Paddington frissonna.

« Je n'ai plus très envie d'être un bonours de neige, lui confia-t-il.

— Je comprends ! gronda Mme Bird en se tournant vers les autres. Paddington va se réchauffer tout de suite, avec une bouillotte et un bol de soupe chaude. Ensuite, j'appellerai le médecin. »

Sur ce, elle installa le petit ours devant le feu de cheminée et alla chercher un thermomètre.

Paddington se cala dans le

fauteuil de M. Brown, les yeux fermés. Il se sentait bizarre. Un instant, il tremblait de froid, celui d'après, il avait l'impression de brûler.

Combien de temps resta-t-il ainsi ? Il ne le saurait sans doute jamais. Il se rappelait vaguement Mme Bird qui lui mettait quelque chose de froid sous la langue et lui recommandait de ne surtout pas mordre. Ensuite, tout était flou. On courait autour de lui, on lui préparait du bouillon, on remplissait des bouillottes.

Enfin, toute la famille Brown monta dans la chambre de Paddington pour le border dans son lit. Le petit ours les

remercia beaucoup, les salua faiblement d'une patte, et s'enfonça sous la couette.

« Il n'est pas bien du tout, chuchota Mme Bird. Il n'a même pas touché à sa soupe. »

Jonathan suivit Judy dans l'escalier.

« C'était surtout mon idée. S'il lui arrive quelque chose, je ne me le pardonnerai jamais.

— C'était aussi la mienne, le rassura sa sœur. Nous y avons pensé ensemble. Ah ! J'entends le carillon. Ce doit être le médecin. »

Le Dr MacAndrew resta très longtemps auprès de Paddington. Quand il redescendit enfin, il avait l'air grave.

« Comment va-t-il, docteur ? demanda Mme Brown.

— Autant vous le dire tout de suite, ce jeune ours est très malade. Je lui ai donné un remède pour la nuit. Je passerai demain matin.

— Mais il va guérir, n'est-ce

pas, docteur ? » s'écria Judy.

Le Dr MacAndrew hocha la tête.

« Je ne peux rien vous promettre. Rien du tout. »

Il leur souhaita une bonne fin de soirée et partit.

Les Brown allèrent se cou-

cher ce soir-là, très tristes. Pendant que les autres se préparaient, Mme Bird s'installa dans la chambre de Paddington, pour veiller sur lui.

Plusieurs fois, la porte s'ouvrit discrètement, et M. Brown, Mme Brown, Jonathan ou Judy entraient sur la pointe des pieds pour voir comment se portait Paddington. Chaque fois, Mme Bird secouait la tête et continuait son tricot.

La nouvelle de la maladie de Paddington fit très vite le tour du quartier, et à l'heure du déjeuner, le lendemain, les visiteurs se mirent à défiler.

M. Gruber fut le premier à venir.

« Je me suis inquiété quand je ne l'ai pas vu ce matin. J'ai tenu son chocolat au chaud pendant plus d'une heure. »

M. Gruber repartit, mais se présenta de nouveau un peu plus tard avec un énorme panier de fruits et de fleurs de

la part de tous les commerçants du marché Portobello.

« Je suis certain qu'il va guérir, madame Brown. Nous sommes si nombreux à le lui souhaiter, qu'il ne peut qu'aller mieux. »

M. Gruber leva son chapeau et s'en alla lentement en direction du parc. Il n'avait pas envie de retourner dans sa boutique aujourd'hui.

Même M. Curry rendit une visite à Paddington dans la soirée. Il apportait une pomme et un pot de gelée de bœuf, excellente, selon lui, pour les malades.

Mme Bird posa tous les cadeaux près du lit de

Paddington, au cas où il se réveillerait avec une petite faim.

Le Dr MacAndrew passa plusieurs fois pendant les deux jours suivants. Malgré tous ses efforts, l'état de Paddington ne changeait pas.

« Il faut être patient », répétait-il.

Le troisième jour, à l'heure du petit déjeuner, Mme Bird fit irruption dans la salle à manger.

« Venez vite ! s'écria-t-elle. C'est Paddington ! »

Tout le monde se leva.

« Il... il ne va pas plus mal, j'espère ? demanda Mme Brown.

— Oh, non ! assura Mme Bird. Au contraire ! Il est assis dans son lit et il réclame un sandwich à la marmelade !

— Un sandwich à la marmelade ? s'exclama Mme Brown. Quel bonheur ! »

Elle ne savait plus si elle

devait rire ou pleurer. Au même instant, la sonnette que M. Brown avait installée au chevet de Paddington résonna.

« Mon Dieu ! murmura Mme Bird. Pourvu que je n'aie pas parlé trop vite ! »

Elle s'éloigna en courant.

Toute la famille Brown la suivit jusque dans la chambre de Paddington. Le petit ours était couché sur son lit, les pattes en l'air, et contemplait le plafond.

« Paddington ! lança Mme Brown, qui osait à peine respirer. Paddington, tu vas bien ? »

Tout le monde guetta anxieusement sa réponse.

« Je crois que je fais une rechute, dit Paddington d'une toute petite voix. Je ferais mieux de prendre deux sandwichs à la marmelade... juste pour vérifier. »

Les Brown et Mme Bird poussèrent un soupir de soulagement. Paddington n'était peut-être pas complètement guéri, mais il était sur la bonne voie.

Table

La Bibliothèque Rose et Verte te présente La Collec'

À la fin de chaque livre des collections ma Première Bibliothèque Rose, Bibliothèque Rose et Bibliothèque Verte, tu découvriras des points à l'image de tes héros préférés.

1

2

Découpe-les, collectionne-les et reçois des cadeaux : porte-clés, jeu de 7 familles, cassettes vidéo, CD-Rom...

3

Pour obtenir ton bulletin réponse, c'est très simple : Connecte-toi sur le site www.hachettejeunesse.com (rubrique La Collec') ou sur le site www.canalj.net (rubrique partenaires), ou envoie sur papier libre ton nom, prénom et adresse complète à :

Hachette Jeunesse, La Collec' Service Communication
43, quai de Grenelle, 75905 Paris cedex 15

(offre valable dans la limite des stocks disponibles)

Retrouve tes héros préférés sur TiJi et canal J

LA TELE DES MOINS DE 7 ANS

Illustrations : Philippe Matter, Christophe Besse, Lucie Durbiano

Imprimé en France par ***Partenaires-Livres***®
n° dépôt légal : 17308 - février 2002
20.24.0665.8/01 ISBN : 2.01.200665.5
Loi n° 49-956 du 16 juillet 1949
sur les publications destinées à la jeunesse